EM TRÂNSITO

ALBERTO MARTINS

Em trânsito

COMPANHIA DAS LETRAS

Grafia atualizada segundo o Acordo Ortográfico da Língua Portuguesa de 1990, que entrou em vigor no Brasil em 2009.

Capa
Kiko Farkas/Máquina Estúdio

Edição
Heloisa Jahn

Revisão
Ana Maria Barbosa
Marise Leal

Dados Internacionais de Catalogação na Publicação (CIP)
(Câmara Brasileira do Livro, SP, Brasil)

Martins, Alberto
Em trânsito / Alberto Martins. — São Paulo : Companhia das Letras, 2010.

ISBN 978-85-359-1709-3

1. Poesia brasileira I. Título.

10-06130 CDD-869.91

Índice para catálogo sistemático:
1. Poesia : Literatura brasileira 869.91

[2010]

EDITORA SCHWARCZ LTDA.
Rua Bandeira Paulista 702 cj. 32
04532-002 — São Paulo — SP
Telefone (11) 3707-3500
Fax (11) 3707-3501
www.companhiadasletras.com.br

Sumário

EM TRÂNSITO

ESTE LIVRO É PARA O LEITOR

atônito, normal
desses que jamais terão
o nome impresso nos jornais
exceto caixa baixa
anúncio final

anônimo, pedestre
modesto passageiro de seu tempo
que por uma questão de espaço
chega sempre atrasado
aos últimos lançamentos

comum, usuário
que neste mundo engarrafado
usa o poema
como meio de transporte

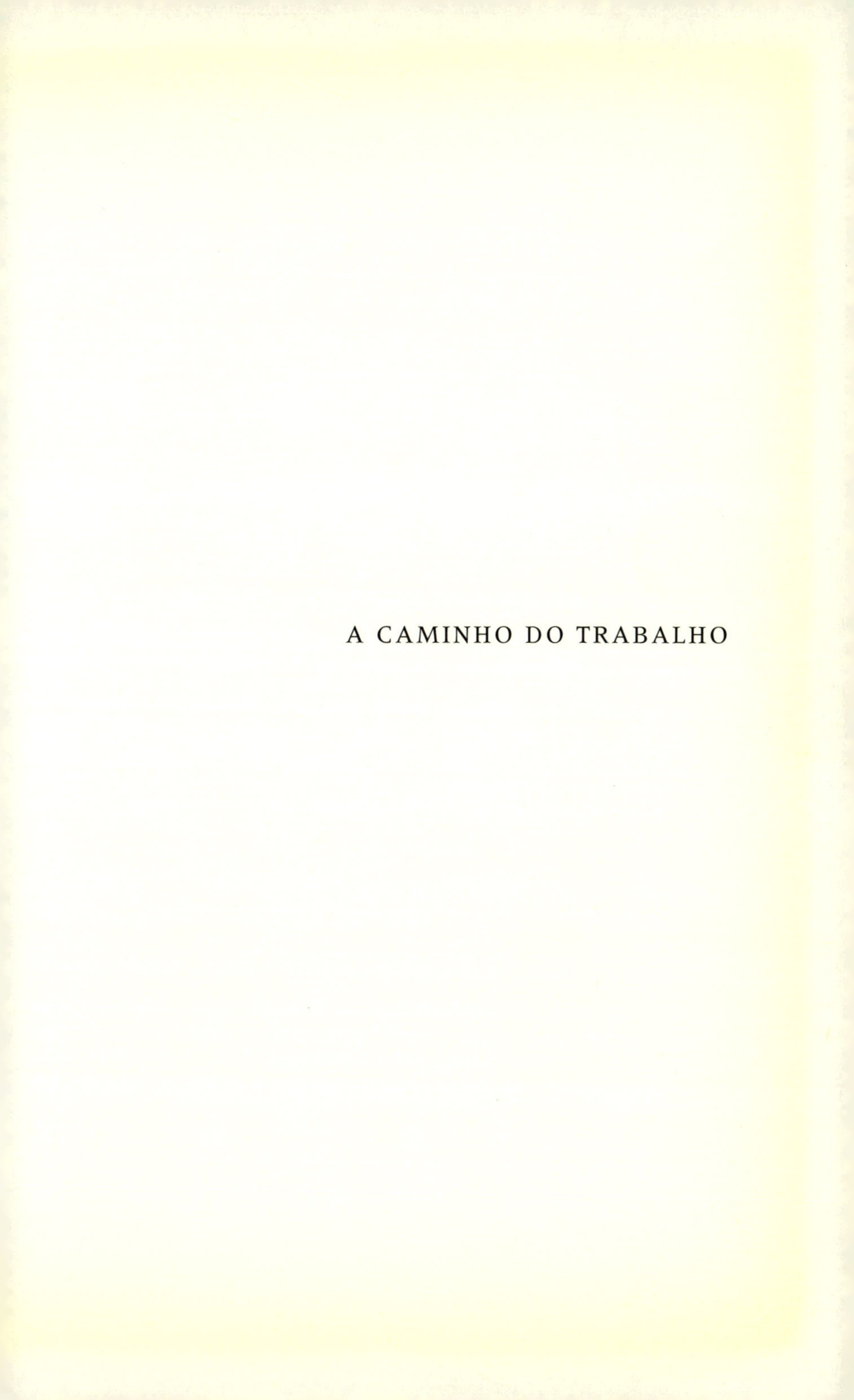

A CAMINHO DO TRABALHO

Estação Pinheiros

no meio do rio
a draga escava
o fundo lodoso
do canal

da plataforma
os passageiros observam

— gratos à máquina
que todo dia revolve sua carga
diante de nossos olhos
antes da partida

Transeunte

passos
são rugas
deixam marcas
na rua

marcas levíssimas
quase ninguém vê

só o faro infra
vermelho de um cachorro
o ouvido tortuoso
de um peão

para catar esses ecos
ali onde se encontram

— papel rasgado bi
tuca de cigarro tam
pinha de plástico —

ao rés do chão

Passantes

um homem de casaco
atravessa a rua
com seu cão

faróis
atrás das árvores
arremessam sua sombra
contra o muro alto
da esquina

— um homem com seu cão —

o que permanece dele em mim
que atravesso a rua
para comprar pão?

Outro transeunte

passos
são rugas?
deixam marcas na rua?

na quebra
do cimento na frincha
do asfalto

alguma coisa fica
do passo firme
ou falso?

— ou o passo
sequer existe
em si

e cada passo
é sempre memória
de outro passo dado

aqui?
acolá?
além?

O real e o possível

enquanto um
vai para o trabalho
o outro bate papo
na esquina

se um é quase máquina
o outro só imagina

mas em alguns momentos
os dois se cruzam

— vertiginosos
como mergulho na piscina
ou secretamente distraídos
feito voz que canta
na neblina

Vida em comum

no meio da
rua no meio
da noite

os dois
andam abraçados
aos pacotes de leite & pão
que transportam para a manhã seguinte

— às vezes a vida parece mesmo essa matéria escura
mistura de asfalto e
brita e
alguma coisa
dura
que atrita os pés
daqueles dois
que sobem a rua

no meio da

Noite no apartamento

neste cubo vazado
de vozes
de luzes
de ruídos
de avião

neste cubo
e noutros milhares
suspensos na noite
longe do chão

neste cubo
prestes a mergulhar
no escuro
sem tubo de oxigênio
sem tanque
de descompressão

a noite rascunha
outra cidade
no avesso
de quem dorme

Apartamento na noite

1.

do morro do Jaguaré
um punhado de luzes
me espreita

Osasco cintila
detrás dos trilhos
e do arvoredo

a quem pertence
a cidade? quem fala
por ela quando ninguém
fala por ela? o espaço
entre aquele prédio
e a casa em frente
a quem pertence?
a água que empoça na calçada
as vozes
na esquina
de madrugada
o calor do asfalto
sob os carros
as folhas na sarjeta
os galhos o pó a fuligem
que penetram cada vão
quem são?

2.

do outro lado
da parede de estuque

escuto o ruído insone
da marginal

os tanques da Sabesp
bombeando água

e o rio que cava
sua passagem

na barra côncava
da madrugada

3.

do outro lado
da parede de estuque

— será outra a cidade?

no Butantã
no Jaraguá
na Leopoldina

— será outra a cidade?

ou a luz desta janela
também se faz
vista de lá?

Vira-lata na madrugada

1.

no oco da noite
o cão produz
um som

feito de restos
de fiapos
do dia

no oco
da noite o cão
produz

um som
que é como
um vírus

que se instala
na corrente sanguínea
do sono

no oco da noite
o cão é como
um ruído

do lado
de dentro
do ouvido

rente à pele
atrás
do tímpano

alguma
coisa
estala

alguma coisa
está lá
mas não diz nada

2.

pedaço de pau
plástico
lata

qualquer coisa
faz barulho
na alta madrugada

no alto
de pinheiros
já perto da lapa

um cão
arranha a noite
com a pata

arranha
o pote vazio
de água

alguma coisa
está lá
mas não diz nada

3.

do lado
de fora
da casa

do lado
de fora
da noite

dentro
do pote vazio
de água

dentro
do pote
onde nada

nem
lua nem
estrada

nem brilho
de estrela
engasgada

só um cão
está lá
e late

late
até que
latem de volta

a lata
enferrujada
o automóvel

na esquina
o mijo
na calçada

até que
pouco a pouco
toda a madrugada

é a lasca
de um som
que o cão produz

com
sua língua
sua pata

som
virado do avesso
lixo fora da lata

4.

do lado
de fora
da noite

o cão
está lá
e late

late
como se fosse
uma ponta de sílex

um machadinho
de pedra
que há muitos anos

alguém usou
para talhar um tronco
uma estela

alerta
dentro da noite
ele late

late
como quem cava
um buraco

como quem fura
uma espessa
casca

e masca
e masca
e masca

o insosso
sabor
da lata

5.

no oco
da noite no oco
do cão

uma coisa
produz
um som

feito
um rosno
um zumbido

no oco da noite
essa coisa inocula
um vírus

que fere
o céu
da boca

e dói
como cárie
no ouvido

no oco
da noite no oco
do oco

a coisa
produz
um eco

fundo
como ferro
duro como poço

é o eco
do cão — o osso
do osso

Flagrante na praça da República

que há por trás
de cada foto
grama da cidade?

na calçada pernas
e braços se agitam
deslembrados do som

— quem anda?
quem fala? —

a memória é um filme
alguém está dublando
a realidade

Xadrez no centro

indecisa
entre a banca de jornais
e o garoto que vende bilhetes de metrô
a moça para um segundo
no meio-fio

depois
levanta a cabeça
e avança pela calçada de pedras pretas & brancas
pisando o mosaico torto

ela sabe
que cada passo é um erro cada passo
é um logro — mas quem não joga
perde a vez e nunca mais
volta pro jogo

O ladrão e a moça

a beleza
— dizia Genet —
é uma ferida
que nos atinge
sem como
nem por quê

estilhaço
bala perdida
que interrompe a frase
no meio do *u*
e do *e*

— de tocaia
sob a ponte
no viaduto
na esquina do metrô
eu espero:

um dia
ela há de

Working day

dar adeus
a este dia azul
se embrenhar
nas trevas do metrô

morrer
quem sabe
num descarrilhar de trilhos
no entrechoque dos vagões

lá fora as estações deslizam
Consolação
Paraíso
Liberdade

enquanto meu pensamento se perde em catacumbas
como Álvares na taverna

no fim do trajeto
uma brecha de céu:
saio do túnel
para entrar no elevador

At the office

para as horas
de insônia
da tarde

nada melhor

que o mergulho
concêntrico
no abismo sem fundo
da xícara

nada melhor

que o ritual
da colher
em torno
do esquecimento

para quem
de tudo desistiu
mas quer manter-se em pé

nada melhor

que o derradeiro gole
sem alma
sem açúcar
no café

Poema expresso

de pé
apoiados no balcão
dois homens conversam

sobre assuntos do bolso
e do coração — de repente
um deles bate na madeira
e em voz baixa profere
paixão paixão paixão

enquanto acompanho
a lenta cocção
do pó

Poema sem nome

o dia transcorre
entre as manchetes do jornal
e os cafés na padaria

enquanto alguma coisa
feroz
funda
e imprecisa

foge —

sem que eu consiga
apanhá-la pelo nome

Work in progress

em cima da mesa
muitas coisas permanecem
inconclusas

uma xícara de café
e aquele homem em pé
na beira do viaduto

Discurso da demissão voluntária

1.

cadeira e mesa do escritório
feitas sob medida
para o trabalhador anônimo

por vocês passaram tantos nomes
números compromissos & toneladas
de palavras escritas

hoje me despeço sem remorso
deixo a fórmica limpa
para a próxima vítima

2.

agora que sou só
uma força avulsa
no mercado

em cada esquina
oferecem-me pechinchas
por minhas horas de cérebro e trabalho

no fundo é uma luta perdida
a única que presta
pra tocar a vida

Da arte da notícia

sem dinheiro pro jornal
saio a esmo
pelas ruas

quem sabe dá pra ler
a notícia impressa
na calçada

lixo esparramado
fala da força
da última enxurrada

do estado dos bueiros
e do consumo
no meu bairro

fala também
de muitas outras coisas
mas nem todas decifráveis

com vontade de saber mais
sigo atento
pelas ruas

Da alma de um revisor de textos

muitos não acreditam
quando digo que a literatura
é meu ganha-pão

— se você não escreveu nenhum livro
como pode viver de literatura? —

eles não sabem
que as páginas dos livros
não se escrevem por si
e entre as linhas
milhares de sinais invisíveis
ordenam o mundo

(só a eles respondo)

Maio — de tarde

como esses homens-sanduíche
que carregam no corpo
anúncios de compra & venda
oportunidades & ouro

eu observo as nuvens
— —
sobre o céu da cidade

dizem que lá dentro
há turbilhões de gelo
e forças terríveis
disputam a atmosfera

como esses homens-sanduíche
que carregam na alma
etc etc etc
etc

eu ignoro
o que se passa com elas
quando viro as costas
a caminho do trabalho

O editor

Passa o dia entre livros
que não existem, ainda estão por ser escritos
ou nunca chegarão a ser impressos.
Não trabalha no campo
mas tem as mãos escalavradas:
a pele dos dedos descama feito pergaminho.
De noite voltam para casa
ele e sua sombra — enxertada de palavras.

A caminho do trabalho

inveja das paineiras
que soltam no ar
sem aviso prévio
seus fardos de algodão

INSCRIÇÕES

Lapa Vermelha, Lagoa Santa

os ossos
varridos
pelas águas
da enxurrada

quietos
no amparo da pedra
esperaram
onze mil e quinhentos anos

até saltarem
em cacos
à luz do dia

— e agora, Luzia,
ainda te lembras
da dor?

Arcada

A história é antiga.
Remonta a vários antepassados:
todos temos a queixada forte.
Verdade que hoje levo comigo
algumas próteses.
Mas apesar do desgaste
os molares estão vivos
e cumprem o ritual
de intensa maceração
no fundo da caverna.

Inscrições

por uma macega rala
cheguei ao paredão
de rochas marcadas

com manchas
de óxido urina
sucos vegetais

rasgadas
na superfície crua
figuras de homens e bichos

— agora ao morrer
não serei mais um mártir na cruz
doce cristo de Bruges

mas os ossos presos
no teto da grota
à espera de outros combates

também eu terei
me transformado em sinais

Anchieta tomado por um espírito

1.

voz rachada do vento
pele esticada
do tambor

— meus ossos —

onde a pedra que fala?
onde a pedra fundante?

voz rachada
do vento
pele esticada do tambor

de quem é a pele?
de quem o vento?

2.

olho ao redor:

não há nada no mar
além do mar?
nada no sal além
do sal?

então por que meus
lábios se abrem
e a boca ferida
profere estes sons?

caramborê
caramborê
caramborê

Numa praia do Atlântico Sul

pés na areia
miro a constelação do Cruzeiro que se precipita
como um peixe
                                como uma flecha
                                                                no mar de breu

tudo
não passaria de um movimento bruto
surdo
de estrelas
sobre a minha cabeça

não fossem as luzes de um cargueiro que avança
rumo ao sul e as vozes dos filhos
que no escuro sussurram uma canção —

e como o soldado vencido
é arrastado nas ruas
pelo carro do inimigo

assim, Cruzeiro, me arrastas

por um minuto
dois minutos
um milênio inteiro

atrelado
a tua poeira
a tua armadura de metal
e ao hemisfério em que mergulhas,

contemporâneo dos meus ossos

Num museu da Europa

também estes deuses
se construíram lentamente
— as sombras
informando seus corpos
                                        nos ossos
                                        nas pedras
                                        nas árvores entalhadas
até serem consagrados
em cada ofício arte negócio

mas os nossos
nós os criaremos do nada
para sempre inacabadas
misturas de vento
areia
                                                        água

Figura esculpida na pedra

num friso da catedral de Mainz
(hoje removido e exposto à visitação na cripta do museu)
três ou quatro peregrinos recuam
prosternados de angústia
diante do mistério

menos um
que olha adiante e nos fita
como se estivesse vendo o mundo
pela primeira vez

este tem os olhos abertos da pedra
o riso franco da pedra

Fragmento

dizem que César
ao encontrar na Hispânia
uma efígie de Alexandre
caiu em funda meditação
Lembrou-se de que o herói
com a sua idade
já havia conquistado
praticamente o mundo inteiro
ele nada fizera de comparável
Entrando em casa
sacou a espada
e tratou de aprender
tudo o que diz respeito
à venerável arte da guerra

Segundo Plínio, o Velho

Não havia pintura alguma
no reboco da casa de Apeles.
Não estava ainda na moda
cobrir o interior das casas
com pintura.

Mais adiante, ele continua:

a arte
estava a serviço da cidade
e o pintor era um bem comum
de toda a terra

Na padaria com Flávio Di Giorgi

quando Horácio encontrou uma ânfora
com vinho fabricado
no ano de seu nascimento

Ó tu, nascido comigo
quando Mânlio era cônsul...

bebeu com júbilo
o vinho de sua infância

— dois mil anos mais tarde
Flávio sorve o café
no balcão de fórmica da padaria
canta de novo esses versos
depois sobe lentamente a ladeira de casa

O mestre

Não o tenho visto ultimamente
mas penso nele com frequência
sobretudo quando encontro alguém
que quer fazer alguma coisa mas
não sabe sequer por onde
começar.
                Sei que posso encontrá-lo
numa das salas da cidade
rodeado de novos alunos.
Mas não farei isso.
Quem está formado
segue ao sabor dos próprios erros

O testamento de Hiroshige (1797-1858)

A casa deve ser vendida
as dívidas pagas.
Os livros e revistas
postos à venda.

Divida minhas tintas desenhos ferramentas
entre meus aprendizes — como lembranças.
Os quimonos que restam, dê para os meninos.
Ao meu amigo de longa data, Shigenobu,
uma de minhas duas espadas pequenas.

Mude-se para onde achar melhor.
Sobre o futuro — converse
com alguém de sua confiança.
O que decidir está decidido.

Como tudo que se faz
depende de dinheiro
minhas palavras não precisam
ser levadas em consideração.

Carta de Albrecht Dürer (1471-1528) ao conselho de Nuremberg em 1526

Sábios honrados e sobretudo benévolos Senhores:

durante longos anos
por meio de meus trabalhos
e com a ajuda da Providência
reuni a soma de 1000 florins do Reno
que gostaria de aplicar no meu sustento

embora saiba
que não é de vosso hábito
conceder juros assim tão elevados
e que com frequência tendes recusado
dar 1 florim por 20
o que me faz hesitar em escrever esta carta
a isto entretanto me resolvo
levado por necessidade
e também em memória do favor
com que Vossas Senhorias me tratastes
cada vez que a ocasião se apresentou

outras causas também concorrem
para que eu aja deste modo:

Vossas Senhorias sabem o quanto sou obediente
e pronto a prestar serviço aos membros do Conselho
tanto em assuntos públicos como nos particulares

em nossa comunidade
no que concerne à minha arte
trabalhei mais frequentemente de graça
do que por dinheiro
e depois de trinta anos que aqui resido
posso dizê-lo com justiça
as obras que me foram encomendadas
não somam 150 escudos
quantia pouco considerável
e sobre a qual não tive sequer
um quinto de benefício

com isso ganhei a minha pobreza
a qual sabe Deus foi amarga
e me custou muitos trabalhos
com príncipes
senhores
e outras pessoas
de fora

no fundo
sou o único nesta cidade
que vive do estrangeiro

Vossas Senhorias sabem
que o imperador Maximiliano
de gloriosa memória
me havia isentado das taxas e impostos desta cidade
em reconhecimento aos bons serviços que prestei

posteriormente
conforme as sugestões
de alguns dos senhores mais eméritos deste Conselho
renunciei a tal privilégio
o que fiz
para me conservar
em vossas boas graças

há dezenove anos a *Signoria* de Veneza
convidou-me a residir naquela cidade
com 200 ducados anuais de provisão

no pouco tempo que passei nos Países Baixos
Antuérpia ofereceu-me 300 florins ao ano
e uma bela casa

— a isso tudo recusei
pela inclinação e o amor
que sinto por Vossas Senhorias
esta cidade
e minha pátria

preferi viver aqui de forma simples
a ser grande e rico noutra parte

rogo-lhes assim
respeitosamente
tomar em consideração
todas essas coisas
e aceitar os 1000 florins

que prefiro saber em vossas mãos que alhures
e conceder-me
como graça particular
50 florins de renda anual
para mim e minha mulher
já que os dois
a cada dia
nos tornamos mais velhos
fracos
e impotentes

Pequena história da imprensa

Modestos maestros ambulantes
— é como Konrad Haebler se refere
aos primeiros impressores da península Ibérica.
Gente que veio de cidades da Alemanha,
da França, de Flandres e também de Veneza
montar as primeiras oficinas de impressão.

Traziam a arte de fundir metal, fabricar tintas
e construir prensas — naquela época, de madeira.
Os mais ricos traziam consigo maços de *letrerías*
— isto é, os próprios tipos, desenhados por eles
ou copiados de terceiros.

Alguns se estabeleceram e tornaram-se donos
de prósperas casas. A maior parte, entretanto,
não deixou nome nem marca de colofão
e hoje os historiadores têm um trabalho danado
para atribuir uma obra-prima a este
ou àquele impressor.

Em muitas outras coisas,
eu diria, as obras mais belas
saem de mãos desconhecidas.

Tipografia

Ganhei de um amigo
uma caixa de tipos chineses.
Ele a adquiriu numa cidade
à beira do rio Yang Tsé
prestes a ser inundada
pela represa de Três Gargantas.

Disse que naquele dia o vento
era forte e o tipógrafo recolhia
as caixas e as empilhava
com cuidado
na calçada.

Agora ela está aqui
em cima da mesa na minha oficina
do bairro de Pinheiros, São Paulo:

375 pedacinhos de madeira
cortados a faca
representam um infinito de figuras
que conheço pelo tato
não pelo som — .

Fizeram uma viagem longa.
Para ouvi-los
terei de fazer outra ainda maior.

Na oficina I

sinto que o ombro dói
e os nervos do antebraço
cada vez mais inflamados

talvez eu não esteja
empunhando as ferramentas
da maneira adequada

agora cada vez mais
tem sido assim:
para uma boa sessão de trabalho
vários dias parado

alguma coisa está errada
preciso começar tudo de novo

Na oficina II

até a madeira mais dura
entrega sua alma
como paina
quando se usa
o instrumento adequado

não é este o nosso caso

nem se parece com serragem
isso que sai de nosso corpo
quando cortado

Numa exposição de Rodchenko (1891-1956)

Quando vejo as fotos de Rodchenko
dos primeiros tempos da Revolução
descubro
nos corpos
nas caras
nas ruas
grandes quantidades de energia — o poeta
era equivalente a uma torre de eletricidade
uma corrente de transmissão trilhos de aço
cortando a estepe —

mesmo a expressão feroz
do retrato de Maiakóvski
deve muito ao ar de época:
ar de quem está à frente
no campo de combate

Naquelas fotos a descoberta do mundo
era simultânea à descoberta da forma:
qualquer arruela ou parafuso era fruto
do trabalho comum — e o trabalho comum
uma alegria de todos

Mas que faz um fotógrafo
quando a matéria de seu trabalho
se transforma de forma irremediável?

Nas fotos do último Rodchenko
não sei ao certo o que seu olho está buscando
Parece haver mais graça na lona fora de foco
do circo do que nas acrobacias
da foca e do palhaço

De algum modo ele entendeu
que as coisas haviam chegado
a esse ponto

Uma foto de Robert Capa (1913-1954)

cinco ou seis homens
mergulhados na lama
até a cintura
Não posso sentir
a água subindo
dentro das botas
nem os líquidos
que vazam nos uniformes
Mas vejo a foto e sei
que numa fração de segundo
estarão mortos
Posso também abrir os olhos
e aprender a morrer

Duas vezes Attila József (1905-1937)

1.

não teve pai
não teve mãe
seus tios lhe disseram que seu nome
não era um nome

só mais tarde
descobriu nos livros de história
que houvera um átila rei dos hunos
e se reconheceu

eu não falo húngaro a sua língua
mas também o reconheço
pobre entre os mais pobres
o poeta que disse:

Se tens fome, aceita como prato um papel em branco;
mas se encontrarmos alguma outra coisa,
então deixa que eu também coma. Eu também,
eu também tenho fome

2.

esta noite
eu tenho quarenta e oito
ele terá sempre
trinta e um, trinta e dois

eu leio no meu quarto
os poemas de attila józsef
numa edição de bolso
em castelhano

ele erra
nos arredores da estação
à espera de um trem de carga
em balatonszárszó

O exilado César Vallejo (1892-1938)

Levei anos para ler César Vallejo
e nem sei se estou maduro para tanto.
Seu esqueleto fora de esquadro
num quarto pobre de Paris
permanece incógnito.
Mas como dói ler o exilado
com seu olhar de lhama
e a crença numa revolução
que deu em merda.
Vallejo traz a morte em cada osso.
Eu estou apenas aprendendo.

A noite o mito a gráfica

como tamuz
como osíris
como todos os que tiveram o corpo despedaçado
e aguardam
nova forma legível integral
o livro sonha com a heidelberg
num galpão da barra funda

entre cilindros de metal
& ondas brancas de papel
os cadernos tomam forma
na madrugada gráfica
de são paulo

uma a uma milhares
de folhas atravessam o ciano
                                        o amarelo
                                        o magenta
                                        o preto
(cada cor um contrabandista
traficando riquezas para o reino)
e desencontradas rumam
para as seções
de dobra
cola
costura
cartonagem
                      onde

por mais que estejam a serviço
de violenta revolução industrial
as mãos exercem ainda
função deveras primitiva —

apartam as aparas
da clara página inscrita
& como parteiras livram a passagem
da morte à vida

EM TRÂNSITO

Na volta do supermercado

brancas sacolas de plástico
jogadas
            ao acaso
na mesa da cozinha

— vazias
de todo conteúdo
evocam
as formas sinistras do meu dia?

Sujeiras

dia sim dia não
eles tocam a campainha de casa
pra vender sacos de lixo.
Eu compro.
Existe mesmo muita sujeira por aí.
Um dia vou junto conhecer a fábrica deles.
Já sei como se fabrica a sujeira.
Quero saber como se fabricam os sacos

Vira-lata

passa a maior parte do dia
no quintal
entre o corredor
e a porta da cozinha.
À noite quando sai
leva debaixo do pelo
a corrente de metal.
Finge que não dói.
Às vezes escapa
pela porta entreaberta
mas sempre volta.
Esfrega no chão
o corpo diminuído
e me olha fundo
mais fundo que um irmão

Pequena morte caseira

Conforme cavo
a terra vai mudando de cor:
negra, marrom, quase amarela.
Sob o golpe da pá
a minhoca desavisada
parte ao meio.
Em silêncio
minha filha cobre de terra
o corpo do bichinho.
Ensaia as cerimônias de depois?

Inutilidades domésticas

joguei no lixo
a velha fechadura
do quarto das crianças

as portas
que ela trancou
e abriu
os risos que ouviu
não ouviu
agora são — lembranças

só as chaves não sabem
e vagam pela casa
de gaveta em gaveta

Rosto

que cara é essa
se descobrindo no espelho
atrás de cada pelo
de barba?

de longe
levanto as sobrancelhas
e aceno
como se deve
a um discreto companheiro de viagem

Sherazade

de madrugada perambula
pelos mil e um cantos
da casa

— como aprender
numa única noite
todas as palavras? —

revira os armários
as gavetas
a paina dos travesseiros

mas a memória se tranca
dentro da fala
aguardando seu começo

O outro

tarde da noite
vago pela casa
em busca de um livro
que deixei no outro quarto

mas o livro se esconde
as estantes não ouvem
a casa está cheia
de ruídos estranhos

dá um pouco de medo
passar assim em silêncio
entre as paredes
rente a mim mesmo

até que deparo
com outro sonâmbulo
chamando discreto:
"é por aqui, Alberto!"

Invocação do sono

ai letras do alfabeto
espírito inquieto
abafai
esse motorzinho
no cérebro
o encanamento
provecto
e a goteira
de sempre
no teto

proveito nenhum
nos traz a insônia
essa maldição de montezuma
quando em plena meia-noite
sobrevém o indefectível
mal das alturas

abafai
cadernos de leitura
alta ou baixa literatura
qualquer coisa se faça
por veneno ou traça
que eu não mais ature
a insone tarefa

pois
como enfrentar o batente
no dia seguinte
se a noite toda
foi o escalar sem fim
de rochas de granito?
e eu? como fico?
à deriva
em pleno meio-dia
hamleteando
a torto e a direito
sem coragem sequer
de me aproximar
do parapeito

ai letras do alfabeto
espírito inquieto
etc
etc
etc

A noite de insônia do alfaiate endividado

quando me afasto do trabalho
por algum tempo

perco horas
até retomar o ponto
em que havia parado

só as contas não se interrompem
e avançam noite adentro
costurando no avesso do meu corpo
uma outra roupa

que não me veste
que a ninguém há de vestir

Na volta do oculista

eu também estou me acostumando
a várias distâncias
focais

as letras por exemplo
cresceram uma enormidade
com estas novas lentes

mas se tiro os olhos do livro
os rostos
as árvores
as nuvens
do outro lado da rua
perdem de imediato o contorno

aí começa
o jogo de empurra:
saco do estojo
o velho par de óculos
e passo o dia alternando
o velho
o novo
o velho
o novo — até o enjoo

Um homem previdente

Não costumo usar chapéu
Mas agora que a chuva
derrubou as paredes de casa
furou meu corpo
com dez mil agulhas afiadas
me ergueu e sacudiu nos ares
como um troféu
talvez eu passe a usar chapéu

Tentando responder ao poeta

quanto tempo há de durar
a forma deste mundo?

— a pergunta de Murilo
cai sobre a mesa atulhada
de contas a pagar

procuro organizar meus papéis
pôr em ordem os pagamentos
mas o tempo o tempo o tempo

bate seu tambor vermelho
e toca em frente

Sobre a arte do negócio

pelo jeito
vou ter de juntar pedras

aprender a empilhá-las
em torno de um buraco
e tirar o máximo proveito
das imperfeições do terreno

pelo jeito
vou mesmo ter de juntar pedras
e construir eclusas —

embora a graça
da água esteja na fuga

Neste canteiro de obras

o trabalho
a meio caminho andado
em virtude de uma lei
de última hora
agora está parado

nada de honras
nada de honorários

está parado

na beira da estrada
toneladas de máquinas
ao relento

as escavadeiras
as empilhadeiras
as gruas
os operários

— todos, inclusive eu, estão dispensados

hora de apanhar as coisas
refazer as contas
hora de passar um tempo no sol
um tempo na sombra

Reflexões no trânsito

de repente as coisas avançam
de repente
as coisas emperram

um dia há de cessar
tanta agitação motora
— a quem interessa
o tráfego nas marginais?

de repente as coisas avançam
de repente
ficam como estão

eu imprensado
entre o *guard-rail*
e o para-choque
de um caminhão

Numa tacada

jogo no papel
tudo que tenho

um tampo de mesa sem limites
e os ruídos (inaudíveis)
da cidade

contente me calo —

esta reserva de pobreza
é uma promessa de alegria

Observações à mesa de trabalho

1.

estou aprendendo a arrumar
a minha mesa de trabalho
entre um trabalho e outro

o tampo limpo da mesa me dá ânimo

bem como o cheiro de capim queimado
que sobe inesperadamente
do vizinho

— é um lote urbano tomado pelo mato
o proprietário com certeza o guarda
para alguma operação imobiliária

por quanto tempo permanecerá assim
o mato crescendo e sendo queimado?
crescendo e sendo queimado?

2.

hoje preciso de coisas simples:

um prego
um martelo
uma tábua

Povo errante

na esquina do farol
o menino me empurra
duas balas por um real.
Dou a nota
mas digo para guardar as balas.
Ele insiste
— pega a bala, doutor —
quer completar a transação.
O sinal continua fechado.
Pergunto seu nome.
Moisés.
Aquele mesmo
diante de quem um dia
se abriu o mar vermelho

De quinze em quinze dias

úmidos de resina
se amontoam na calçada
diante da padaria

são eles que esquentam os fornos
que matam nossa fome de pães
e pizzas

vêm de itapecerica caucaia
e outras matas
da periferia

São Paulo, 19:45

Um homem
na esquina de um bairro qualquer
(por exemplo: Pompeia)
estaciona o carro. Com o cuidado
de quem circunda uma cratera
desce e afunda seus passos
na lama de sombras da calçada.
Nenhum cachorro abana o rabo.
Rente aos muros o homem hesita
sob a leve poeira cinza
que atravessa as portas da oficina
de tornos, a gráfica que imprime
cartões de visita, paira no ar
do posto de gasolina
(onde o escuro não entra)
e nas chaminés dos primeiros
fornos acesos de pizza.
Em voz alta, o homem fala, escuta
e dá conselhos enquanto pisa o solo
com cuidado — que o cimento,
embora seco, é frágil; a areia
vem da água; e a pedra,
qualquer hora, rebenta em lava.

Na véspera da mudança

1.

um desses caminhões que carregam caçambas de lixo
cruzou de cima a baixo as ruas do meu bairro
a noite inteira

talvez estivesse à procura de entulho a retirar

ainda tenho nos ouvidos o barulho de metal
contra metal e o dente das roldanas
na madrugada

2.

sonhei com uma casa construída pela metade

a outra metade
eu construía
e pegava fogo
construía
e pegava fogo

assim foi
durante a última noite

O trânsfuga

como irritam as sentenças idiotas
como são estúpidas as cidades mal desenhadas

essas duas modalidades do espírito
tornaram a superfície da terra
inabitável —

agora
vou cavar um buraco
abrir um túnel
ou coisa que o valha
esvaziar os bolsos
me desfazer dos mapas

preciso urgentemente
de outra geografia

Em trânsito

1.

trilhos trilhos trilhos
sou um homem a caminho do trabalho

na plataforma da estação
o vento sopra nas minhas costas

estampa a paisagem
diante dos meus olhos:

céu
postes
pontas

dos dois lados da ponte
homens e automóveis
tentam a travessia

2.

trilhos
trilhos
trilhos

na plataforma da estação
o vento
dobra esquinas nas minhas costas
o rio
é uma língua de água negra
dentro
dos meus olhos

por onde quer que eles se metam
veem antenas
guindastes
peças
enferrujadas
à espera
de uma improvável reposição

3.

a caminho do trabalho
sou um homem entre outros
na plataforma

— *osasco*
ou jurubatuba?
osasco ou jurubatuba? —

alguém me pergunta
enquanto o expresso aponta
vertiginosamente
na estação

não importa

vou tomar esse trem
pela última
primeira
vez

ainda não fiz cinquenta anos
dá tempo de mudar alguma coisa

ESTA OBRA FOI COMPOSTA POR 2 ESTÚDIO GRÁFICO
EM MERIDIEN E IMPRESSA PELA GRÁFICA BARTIRA
EM OFSETE SOBRE PAPEL PÓLEN BOLD DA SUZANO PAPEL E CELULOSE
PARA A EDITORA SCHWARCZ EM AGOSTO DE 2010